AF394120

HET PARETOPRINCIPE VOOR BEDRIJFSBEHEER

Breid uw bedrijf uit met de 80/20 regel

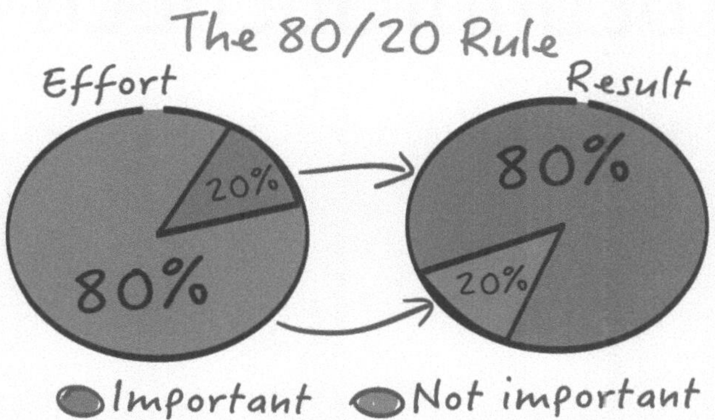

HET PARETOPRINCIPE VOOR BEDRIJFSBEHEER

Breid uw bedrijf uit met de 80/20 regel

geschreven door Antoine Delers
vertaald door Nikki Claes

50MINUTES.com

HET PARETOPRINCIPE VOOR BEDRIJFSBEHEER

HET PARETOPRINCIPE VOOR BEDRIJFSBEHEER

- 4 -

BELANGRIJKE INFORMATIE

- **Namen:** het Paretoprincipe, de regel van Pareto, de wet van Pareto, de 80/20-regel, de wet van de minima

- **Gebruikt:**

  - Economie: bedrijfsbeheer (kwaliteitsbeheer, klantenbeheer, productiebeheer, voorraadbeheer, human resources, …), opstellen van commerciële en marketingstrategieën, …

  - Natuurkunde, sociologie en statistiek

  - Privésfeer: tijdsbeheer, organisatie van taken, …

- **Waarom is het succesvol?** Volgens het Paretoprincipe is "80% van de effecten het product van 20% van de oorzaken". Met deze verhouding kun je snel het essentiële deel van een activiteit vaststellen. Het model komt op veel gebieden voor van het dagelijkse leven en het bedrijfsleven, bijvoorbeeld wanneer een bedrijf wil vaststellen welke klanten de meeste inkomsten genereren. Als de 80/20-ratio wordt overwogen, kan het bedrijf zich richten op de 20% klanten die 80% van de omzet genereren om te proberen hen te behouden.

* **Trefwoorden:** Vilfredo Pareto, het Paretoprincipe, de 80/20-regel, ABC-analyse, omzet, Joseph Juran, time-management, klantrelaties, relatiemarketing, CRM, Paretografiek, Long Tail-theorie, Pareto-efficiëntie.

INLEIDING

Geschiedenis

Het Paretoprincipe is een analyse- en besluitvormingsinstrument dat aan het eind van de 19e eeuw (in 1897, om precies te zijn) door Vilfredo Pareto (1848 – 1923) werd gecreëerd. De Italiaanse econoom en socioloog, die studeerde aan de Polytechnische Universiteit van Turijn in Italië, wordt beschouwd als de grondlegger van wat nu bekend staat als het Paretoprincipe. Door de rijkdom van zijn land te bestuderen ontdekte hij dat slechts 20% van de mensen 80% van de totale rijkdom bezat. Hij paste deze wet vervolgens toe op andere landen zoals Rusland, Frankrijk en Zwitserland en vond dezelfde resultaten.

Het duurde echter tot de jaren 1940 voordat Joseph Juran (1904 – 2008), een Amerikaanse ingenieur die werkzaam was in kwaliteitsbeheer, de 80/20-theorie herkende en toeschreef aan Vilfredo Pareto.

Definitie van het model

Het Paretoprincipe komt voort uit de vaststelling dat 20% van de oorzaken verantwoordelijk is voor 80% van de gevolgen. Met andere woorden, in de zakenwereld is

20% van de klanten verantwoordelijk voor 80% van de omzet. Door deze 20% te identificeren (de belangrijkste klanten) kunnen bedrijven meer aandacht aan hen besteden om tijd en geld te besparen. Volgens Joseph Juran kan het Paretoprincipe universeel worden toegepast in het bedrijfsleven en is het terug te vinden in alle sectoren van de samenleving. Je kunt het principe zelfs toepassen op de meeste gebieden van het dagelijkse leven. We zullen echter zien dat, zowel in het bedrijfsleven als op andere gebieden, de 80/20-verhouding niet altijd wordt nageleefd, maar wel een idee geeft van de werkelijkheid.

THEORIE

OORSPRONKELIJKE CONTEXT

In de jaren veertig stelde Joseph Juran vast dat een minderheid van de fouten de meeste problemen in de productielijn veroorzaakte. Hij herkende snel de 80/20-verhouding (80% van de problemen wordt veroorzaakt door 20% van de fouten) en schreef deze theorie toe aan Vilfredo Pareto in het begin van de 20e eeuw. Joseph Juran toonde, tijdens zijn onderzoek naar kwaliteitsbeheer, aan dat de oorzaken in twee groepen kunnen worden verdeeld: die die van vitaal belang zijn (in dit geval 20% van de fouten) en die die secundair zijn en de resterende 80% vertegenwoordigen. Door de meest problematische fouten (die 80% van de problemen veroorzaken) te isoleren, kon Joseph Juran zich hierop verder concentreren en de problemen in de productielijn aanzienlijk verminderen.

 ### GOED OM TE WETEN.

Het principe van Joseph Juran heette oorspronkelijk *the vital few and trivial many*. Ondanks de aanzienlijke bijdrage van de econoom wordt het concept meestal herinnerd als het Paretoprincipe, waarschijnlijk omdat het beter klinkt dan de naam die Joseph Juran eraan gaf.

TOEPASSINGEN IN HET BEDRIJFSLEVEN

Tegenwoordig kent het Paretoprincipe veel toepassingen in het bedrijfsleven en op het gebied van persoonlijk beheer en het streven naar efficiëntie. Toepassingen in het bedrijfsleven worden vooral gebruikt voor klantenbeheer en human resources. Zo produceert 20% van de werknemers 80% van het werk. Maar het wordt ook gebruikt in bedrijfsstrategieën, in de wetenschap dat 20% van de producten 80% van de winst oplevert. In dit boek gaan we dieper in op de toepassing van dit principe in het bedrijfsleven. De volgende punten presenteren de vele verschillende toepassingen op een duidelijke en beknopte manier om je te helpen het Paretoprincipe te begrijpen.

Het Pareto-principe als instrument in relatiemarketing

Zoals reeds vermeld, is een van de belangrijkste toepassingen van het Paretoprincipe het klantenbeheer van een onderneming. Veel studies tonen aan dat 20% van de klanten verantwoordelijk is voor 80% van de omzet. Die 20% klanten zijn het belangrijkst voor het bedrijf. Daarom is het beter om van hen trouwe klanten te maken om een maximale retentie te garanderen, met name door middel van relatiemarketing.

GOED OM TE WETEN

Relatiemarketing is een instrument waarmee je een relatie tussen een merk en zijn klanten kunt creëren en onderhouden door geschenken of kortingen toe te kennen of door uitnodigingen of adviezen. Het doel is een langdurige relatie met klanten te ontwikkelen, omdat de retentiekosten lager zijn dan de kosten voor het aantrekken van nieuwe klanten.

Een andere toepassing van het Paretoprincipe is relatiebeheer: 20% van de klanten is de bron van 80% van de klachten. Als de 20% van de klanten in het bovenstaande voorbeeld dezelfde zijn als deze 20%, zal het bedrijf geen moeite hebben om aan hun eisen te voldoen, aangezien het zich al concentreert op het behouden van deze klanten. Helaas is dit bijna nooit het geval: de 20% belangrijke klanten zijn zelden dezelfde als de 20% die verantwoordelijk zijn voor 80% van de klachten. In dit geval is het voor de onderneming moeilijker om elke klantencategorie duidelijk te identificeren en deze de meeste aandacht te geven. De onderneming moet dan beslissen waar haar prioriteit ligt en kiezen tussen inkomsten en klachtenbeheer (het genereren van klanttevredenheid).

Het Paretoprincipe als instrument voor kwaliteitscontrole

Een tweede toepassing, gebruikt door Joseph Juran, is die van controle en kwaliteitsbeheer in een productielijn. Als 20% van de fouten 80% van de problemen veroorzaakt, kan het bedrijf zijn inspanningen concentreren op het aanpakken van de betreffende fouten om de kwaliteit te verbeteren. Andere soortgelijke toepassingen zijn ook geldig:

- 20% van de machine-instellingstijd kan 80% van de problemen oplossen

- 20% van de productielijn is verantwoordelijk voor 80% van het eindproduct

Andere toepassingen van het Paretoprincipe

- Persoonlijk managementinstrument: 20% van het werk levert 80% van de resultaten op.

- Instrument voor risicobeheer: 20% van de risico's veroorzaakt 80% van de gevolgen.

- Hulpmiddel voor logistiek beheer: 20% van de pro-ducten genereert 80% van de opslagkosten.

- Voorraadbeheer: 20% van het totale aantal producten vertegenwoordigt 80% van de totale waarde van de voorraad.

- Hulpmiddel voor verkoopbeheer: 20% van de produc-ten levert 80% van de winst op.

- ...

WAT ALS DE REGEL REGELMATIG WERD GEBRUIKT?

Wat als het Paretoprincipe altijd werd gebruikt in het bedrijfsleven? Moeten we zo dicht mogelijk bij de 80/20 verhouding komen om te overleven?

Neem het reeds bestudeerde voorbeeld: een bedrijf stelt na bestudering van zijn klantenbestand vast dat slechts 10% van zijn klanten verantwoordelijk is voor

90% van zijn omzet. Deze situatie is vrij zorgwekkend, aangezien haar kapitaal aan belangrijke klanten laag is. Als de onderneming er slechts enkele zou verliezen, zou haar omzet drastisch dalen. In dit geval zou het verlaten van de 80/20-regel fataal kunnen zijn voor de onderneming. Er zijn twee mogelijke oplossingen:

- Ofwel besluit de onderneming om voor haar grote klanten te zorgen om hen te behouden, maar deze simplistische oplossing lost haar problemen niet op, omdat haar toekomst volledig van deze klanten afhangt.

- Ofwel kiest het bedrijf ervoor de andere klanten te behouden om een beter evenwicht te vinden. Op dit punt is het interessant om na te denken over hoe klanten te behouden om terug te keren naar een gemiddelde ratio die zekerder is.

Het tweede voorbeeld toont aan dat afwijken van de norm niet noodzakelijk schadelijk is voor de onderneming. Stel dat dezelfde onderneming na haar klantenstudie vaststelt dat zij geen belangrijke klanten heeft en dat 30% van haar belangrijkste afnemers 70% van haar omzet genereert. Hoewel het bedrijf dicht bij de 80/20-regel zit (maar nog steeds geen Pareto-evenwicht bereikt), heeft het minder problemen dan in het vorige scenario. Natuurlijk is de activiteit waarschijnlijk versnipperd, maar het verlies van enkele klanten zou de situatie niet zo sterk beïnvloeden als bij de 90/10-verhouding en is geen reden tot bezorgdheid. In termen van kosten per klant zou het echter problematisch kunnen zijn als het aantal klanten groter is: de

kosten van klantenbeheer en communicatie zijn name-
lijk hoger. In dat geval zou herstel van het 80/20-evenwicht
leiden tot toekomstig succes.

Het Paretoprincipe toepassen om de 80/20-verhouding
te bereiken is geen doel op zich. Alles hangt af van de
activiteit van de onderneming en haar sector. Een
supermarktbedrijf zal waarschijnlijk veel kleine klanten hebben, wat normaal is voor de sector, terwijl een
vliegtuigbouwer minder klanten heeft, maar die zijn
onvermijdelijk groter. Daarom beïnvloedt de sector de
in het Pareto-principe gebruikte verhouding, en die
moet niet altijd 80/20 zijn.

 ## GOED OM TE WETEN

Er zijn verschillende soorten zakelijke communicatie
met klanten. De eerste is massamarketing voor alle
consumenten, die als "gemiddelde consumenten"
worden beschouwd. De tweede is één-op-éénmarketing
gericht op elke individuele klant, waarbij producten
op maat worden aangeboden. Deze methode van klan-
tenbenadering is beslist interessanter, maar ook het
duurst. Ten slotte bestaan er nog andere vormen van
intermediaire communicatie, zoals gedifferentieerde
marketing, die zich richt op een groot deel van de
markt, of geconcentreerde marketing, die zich slechts
op een kleine nichemarkt richt.

VOORDELEN VAN HET PARETOPRINCIPE

Er zijn talloze voordelen van het gebruik van het Paretoprincipe. De meeste daarvan zijn al in eerdere hoofdstukken genoemd. Een bedrijf dat zijn Paretoverhouding voor elke afdeling kent, kan zijn doeltreffendheid verbeteren, met name door het volgende te doen:

- Beter beheer van zijn risico's: door te weten wat de belangrijkste risico's zijn en welke gemakkelijk te corrigeren zijn, kan een bedrijf zich concentreren op zijn kernactiviteiten.

- Zijn klanten beter kennen: een bedrijf kan zijn communicatiestrategie bepalen en zich richten op de belangrijkste consumenten. Het is belangrijk om de kenmerken van 20% van de grootste klanten te kennen, zoals waar ze vandaan komen, hun sector (in het geval van professionals) of hun leeftijd en geslacht (in het geval van individuen). Zo kan het bedrijf nieuwe prospects creëren die aan de kenmerken voldoen. De beoogde consumenten zijn vergelijkbaar met de beste klanten; het bedrijf heeft meer kans om hen van het prospectstadium naar het consumentenstadium te brengen.

- Kosten beperken: als men in een productelijn weet welke punten de meeste energie verbruiken maar de laagste output hebben, kan het bedrijf de duurste elementen aanpassen, verwijderen of wijzigen.

- Beperken van tijdverlies: door te weten welke activiteiten het meest productief zijn, kan een manager zich daarop richten om de prestaties te verbeteren.

BEPERKINGEN EN UITBREIDINGEN

BEPERKINGEN EN KRITIEK

Het Paretoprincipe geldt, ondanks zijn universele karakter, niet altijd voor elke sector en elke afdeling. We hebben al een voorbeeld van een beperking gezien bij supermarkten, een sector waar het onwaarschijnlijk is dat 20% van de klanten 80% van de verkoop voor zijn rekening neemt. Het model moet worden aangepast aan de sector en de afdeling van het bedrijf in kwestie. Er zijn twee punten van kritiek: ten eerste wordt de 80/20-verhouding in werkelijkheid niet altijd nageleefd. Ten tweede is een focus op de 20% niet altijd de beste oplossing.

Een onnauwkeurig model

De eerste kritiek op het principe wijst erop dat het wetenschappelijk niet nauwkeurig is. Een 80/20 verhouding krijgen voor elke afdeling van een bedrijf is eigenlijk onmogelijk. Het oorspronkelijke idee van het model wordt echter niet tegengesproken. In de theorie van Joseph Juran moeten de effecten worden gescheiden in twee groepen. De eerste groep omvat de effecten die gering in aantal zijn, maar significante gevolgen hebben. De tweede groep omvat de effecten die talrijk zijn, maar beperkte gevolgen hebben. Als deze groepen niet precies overeenkomen met 20% en 80%, kunnen verhoudingen van 10/90 of 5/95 worden gebruikt, die in sommige situaties zelfs de norm zijn.

Een inefficiënt model

De tweede kritiek betreft de relatieve efficiëntie van het Paretoprincipe. Als 80% van de producten van de onderneming niet vaak wordt verkocht, kunnen zij toch een aanzienlijke omzetmarge (bijvoorbeeld 20%) vertegenwoordigen. Als de opslagkosten voor deze producten laag zijn, kan de onderneming het zich veroorloven ze te blijven verkopen, ook al trekken ze minder klanten. We zullen in het volgende punt zien dat het Paretoprincipe gekoppeld is aan een ander belangrijk principe dat de Long Tail-theorie wordt genoemd.

VERWANTE MODELLEN EN UITBREIDINGEN

Het ABC-model

Het ABC-model is een verbetering van het Paretoprincipe. Het nieuwe model stelt dat met het principe van Pareto tussenliggende categorieën worden genegeerd en dat het moeilijk is hun belang te beoordelen. Door de effecten in drie categorieën (A, B en C) in te delen, verwaarloost een bedrijf niet de effecten die minder belangrijk zijn dan de bovenste 20% en erkent het hun belang in termen van gevolgen. De drie klassen kunnen als volgt worden ingedeeld:

- Klasse A: 20% van de klanten die goed zijn voor 80% van de omzet

- Klasse B: 30% van de klanten die goed zijn voor 15% van de omzet

- Klasse C: 50% van de klanten die 5% van de omzet uitmaken

Klasse B is riskant, aangezien de investering van tijd en geld daar al dan niet waardevol kan zijn. Aangezien deze factoren door Pareto werden verwaarloosd, is het ABC-model nauwkeuriger en houdt het rekening met de tussenliggende categorieën.

De Long Tail-theorie

De Long Tail-theorie is verwant aan het Paretoprincipe en vult het aan. Dit model verdeelt de inkomsten van een onderneming over al haar producten, waaronder specifieke goederen, die een belangrijk deel van de omzet uitmaken en gekenmerkt worden door:

- lage verkoop van specifieke producten

- een groot aantal speciale producten (vaak meer dan 80% van het totale aantal producten)

In het geval van een boekhandelaar bijvoorbeeld hebben de specifieke producten betrekking op de uitgegeven werken waarvan slechts enkele exemplaren per jaar worden verkocht. Gezien de kosten en de ruimte die nodig is voor de voorraad, kan een boekhandelaar onmogelijk alleen die boeken aanbieden. Hij moet zich concentreren op boeken die goed verkopen, zoals bestsellers, om een evenwicht te bereiken.

Het verband met het Paretoprincipe is het fe t dat hier slechts een minderheid van de artikelen de meerderheid van de verkoop vertegenwoordigt. Een traditioneel bedrijf moet zich op deze producten concentreren. E-commerce sites vormen echter een uitzondering.

GOED OM TE WETEN

E-commerce, ook bekend als online verkoop, beperkt de opslagkosten van producten, omdat ze niet in winkels hoeven te worden uitgestald, maar gewoon in een magazijn worden opgeslagen. De e-merchants kunnen dus een groter assortiment producten te koop aanbieden. E-commerce stelt de onderneming ook in staat haar verzorgingsgebied uit te breiden tegen lagere kosten.

Wanneer we het Paretoprincipe volgen, moeten we ons niet alleen richten op de belangrijkste 20%. De Long Tail-theorie in e-commerce maakt het mogelijk de overige 80% in aanmerking te nemen, aangezien de extra kosten minimaal zijn en de opbrengst hoog. Amazon is een perfect voorbeeld van de Long Tail-theorie. Als e-commerce site kan het bedrijf een indrukwekkend aantal publicaties aanbieden die voorheen moeilijk in de winkel te vinden waren. Hoewel dit geval profiteert van de op internet beschikbare gegevens, is het toch een duidelijk voorbeeld van de grenzen van het Paretoprincipe. Zoals je ziet, kan het voor sommige bedrijver voordelig zijn om zich te concentreren op meer dan de 20% producten die de meeste omzet genereren.

PRAKTISCHE TOEPASSING

In dit hoofdstuk passen we toe wat we tot nu toe hebben geleerd. We beginnen met het maken van een Paretodiagram, dat nuttig is om visueel de belangrijkste 20% te identificeren. Het voorbeeld gaat over een leverancier en zijn klanten en is met opzet simplistisch om het gemakkelijk te begrijpen te maken. Een meer uitgebreide casus is te vinden aan het einde van dit hoofdstuk.

EEN TABEL OPMAKEN

De eerste stap is het opstellen van een tabel. Aangezien we de belangrijkste 20% willen vinden, is het raadzaam de gegevens in aflopende volgorde te sorteren om de elementen van belang onmiddellijk te kunnen onderscheiden.

Schrijf in de eerste kolom een lijst van te observeren factoren (bijvoorbeeld een lijst van klanten). In de tweede kolom moeten variabelen staan die daarmee overeenkomen (bijvoorbeeld het bedrag dat individuele klanten uitgeven).

Vervolgens moeten we het percentage van elk object (in dit geval elke klant) en het cumulatieve percentage berekenen. Dit percentage zal een lijn trekken van cumulatieve percentages in Pareto's grafiek. Door alle gegevens op te tellen, zal de drempel van 80% naar voren komen.

GOED OM TE WETEN

Het is niet altijd gemakkelijk deze klanten te identificeren omdat er zoveel individuen in de detailhandel zijn. Toch kunnen bedrijven manieren ontwikkelen om een database van betrouwbare klanten aan te leggen; het gebruik van een klantenkaart is daar een goed voorbeeld van.

DE GRAFIEK MAKEN

We moeten nu de grafiek tekenen (bijvoorbeeld met Excel). De grafiek wordt gewoonlijk gekoppeld aan een lijngrafiek van een waardecurve die de laatste kolom van de tabel weergeeft. Deze aanpak is facultatief: het is mogelijk om de resultaten gewoon vanuit een tabel te bespreken.

GOED OM TE WETEN

Om deze grafiek met Excel te maken, raden wij je aan een grafiek met twee verticale assen (een hoofdas links en een korte as rechts) te gebruiken om de twee soorten gegevens weer te geven. Als dit type grafiek niet beschikbaar is, volg dan deze stappen:

- Zet het histogram uit met de ruwe gegevens van de verkopen (tweede kolom) om ze op de hoofdas aan de linkerkant van de grafiek te plaatsen.

- Zet vervolgens de percentages uit door de cumulatieve percentages als een nieuwe reeks in je grafiek op te nemen. Wijzig het grafiektype alleen voor die gegevens (kies bijvoorbeeld de grafiek 'lijn met markeringen') en plaats ze op de secundaire as (rechts).

- Maak de lay-out op en voeg titels toe aan de assen en de grafiek. Wijzig ten slotte de kleuren en voeg gegevenslabels toe aan je assen, zoals de weergave van cumulatieve percentages in je grafiek.

DE BELANGRIJKSTE 20% IDENTIFICEREN

Voor stap drie zullen we de grafiek (en/of tabel) interpreteren om de belangrijkste 20% te identificeren. In het geval van de klanten kunnen we gemakkelijk de totale omzet identificeren die door een bepaalde klant wordt gegenereerd. Het resultaat stemt niet noodzakelijk overeen met de 80/20-regel.

Eerste waarnemingen

- Ongeveer 20% van de klanten (A, B, C en D) genereren 76% van de omzet (een verhouding die dicht bij Pareto's 80/20 ligt).

- De meeste aandacht van de verkoper moet uitgaan naar het behoud van die belangrijke klanten.

- Bij de ABC-methode worden de intermediaire factoren, die in dit geval bijna 20% van de omzet uitmaken, niet verwaarloosd.

ACTIE ONDERNEMEN

Cursussen

De laatste stap is het nemen van maatregelen op basis van de resultaten om het rendement van bedrijfsstrategieën te verbeteren. Er kunnen verschillende maatregelen worden genomen:

- het corrigeren van problemen in een fabriek

- het belonen van zeer productieve werknemers

- het identificeren van vooruitzichten

- het behoud van klanten

- ...

Klantenbinding kan gebeuren via reclame, promoties op maat of andere retentiestrategieën. Een bedrijf kan bijvoorbeeld klanten uitnodigen voor een beurs.

Om dit voorbeeld aan te vullen, kunnen we ons voorstellen dat onze colporteur, die vier klanten heeft geïdentificeerd en een retentiestrategie heeft toegepast, heeft besloten nieuwe prospects te zoeken om zijn omzet te verhogen. Om dit nieuwe doel te bereiken, kan hij een bepaald instrument gebruiken dat "RFM-segmentatie" heet.

# RFM-SEGMENTATIE: RECENCY, FREQUENTIE EN MONETAIRE WAARDE

RFM-segmentering is een soort beschrijvende segmentering op basis van het gedrag van kopers in het verleden en wordt gebruikt om inzicht te krijgen in toekomstige vooruitzichten. Het categoriseert klantprofielen op basis van drie criteria:

De datum van aankoop. Hoe recenter die is, hoe hoger hun rangschikking.

De frequentie van de aankopen. Hoe vaker een klant koopt, hoe hoger zijn ranking.

Het aantal aankopen. Hoe meer artikelen de klant koopt, hoe hoger zijn ranking (dit plaatst hem onmiddellijk in de hoogste categorie).

Aanbevelingen

- Het heeft geen zin het Paretoprincipe te gebruiken als je geen actie wil ondernemen.

- De methode is niet nauwkeurig, aangezien sommige sectoren niet noodzakelijk een 80/20-verhouding hebben.

- Het Paretoprincipe kan niet in alle sectoren worden toegepast.

- Deze methode houdt geen rekening met tussenliggende waarden.

- Zoals we hebben gezien met de Long Tail-theorie in de elektronische handel, kunnen de minst frequente waarden in sommige gevallen gunstig zijn.

CASUS – EEN PRODUCTIELIJN

Inleiding tot het probleem

Onze fictieve casus betreft een industrie en haar productielijn. In dit bedrijf heeft de productielijn het hele jaar door te maken met terugkerende onderbrekingen. Samen tellen ze op tot een totaal van 1033 uur, wat neerkomt op iets meer dan een maand stilstand. Om het verlies aan arbeidsuren te compenseren, identificeert de manager, die merkt dat de dynamiek niet logisch is, een tiental veel voorkomende oorzaken van stilstand van de lijn. Vervolgens schat hij een gemiddelde stilstandtijd (in uren) en geeft hij voor elke oorzaak een telling van het aantal voorvallen. Met behulp van het principe van Pareto hoopt hij de belangrijkste factoren te identificeren die de productielijn verstoren.

Opmaak van de tabel en de grafiek

- In de eerste kolom staan de in de fabriek vastgestelde problemen. De gegevens tussen haakjes zijn het aantal uren stilstand veroorzaakt door elk probleem.

- In de tweede kolom staat het aantal voorkomens. Er zijn er 230 in totaal.

- De derde kolom toont, in dalende volgorde, de resultaten van de vermenigvuldiging van het aantal gevallen met het aantal uren dat elke onderbreking veroorzaakt. Dit geeft het totale aantal uren stilstand veroorzaakt door elk probleem. Deze gegevens zullen worden gebruikt om de balken in het Paretodiagram uit te zetten.

- In de vierde kolom staat het percentage van het totaal aantal verloren arbeidsuren en in de laatste kolom de cumulatieve percentages.

Identificatie van de belangrijke factoren

Het Paretoprincipe werkt in dit geval bijzonder goed omdat een minderheid van factoren de meerderheid van de problemen veroorzaakt. Meer bepaald veroorzaken bijna 30% van de factoren 72% van de vertragingen in de productielijn. Merk op dat er twee andere verhoudingen zijn die dicht bij 80/20 liggen:

- wanneer de twee grootste oorzaken (20%) in aanmerking worden genomen, bedraagt het percentage vertragingen 63%;

- wanneer de vier grootste problemen (40%) in aanmerking worden genomen, bedraagt het percentage vertragingen 80%.

Dus, **wat is de beste verhouding?** Deze vraag is moeilijk te beantwoorden. Het is echter duidelijk dat de middelste verhouding van 30% van de factoren die 72% van de vertragingen veroorzaken het dichtst bij het Paretoprincipe ligt.

Helaas lost dit niet alle problemen op:

- Ten eerste blijven er veel problematische factoren over om bij te sturen, maar door ons op de eerste ver- houding (twee hoofdzaken) te concentreren, kunnen we ons richten op een minderheid van oorzaken die het maximale aantal gevolgen veroorzaken, wat pre- cies het doel is van het Paretoprincipe.

- Ten tweede, als de plantmanager zoveel mogelijk pro- blemen wil oplossen, heeft hij alle reden om zich te concentreren op de derde ratio, het corrigeren van 40% van de oorzaken die 80% van de vertragingen in de productielijn veroorzaken.

CONCLUSIE

In ons voorbeeld zagen wij een productielijn die te kam- pen had met aanzienlijke en steeds terugkerende ver- tragingen. Dit voorbeeld is weliswaar fictief, maar kan gemakkelijk worden aangepast aan alle gebieden van een bedrijf (productie, machines, werknemers, klan- ten, ...). Door de belangrijkste problemen te identifice- ren, kan een bedrijf oplossingen vinden om zijn inspanningen te minimaliseren en zijn resultaten te maximaliseren.

Met behulp van het Paretoprincipe en het ABC-model kunnen bedrijven anders denken en zich richten op de belangrijkste problemen, terwijl ze de controle houden over hun kernactiviteiten. Aangezien we uitgaan van *time is money*, kunnen we ons gemakkelijk voorstellen dat elke ondernemer en elke persoon die bij een bedrijf betrokken is, bestaande processen kan optimaliseren om concurrerend te blijven. Hetzelfde geldt voor sommige individuen op wie het Paretoprincipe van toepassing is.

- 26 -

SAMENVATTING

- Het Paretoprincipe is een universeel instrument dat aantoont dat 20% van de oorzaken leidt tot 80% van de effecten. Door deze oorzaken te identificeren, kan een organisatie gemakkelijk de belangrijkste effecten beheersen.

- Er zijn vele toepassingen van dit principe. Ze betreffen niet alleen bedrijven die zich richten op productiviteit of klantrelaties, maar ook veel gebieden van het dagelijks leven, zoals het beheer van een huishouden.

- Een concrete toepassing van het Paretoprincipe is het klantenbeheer van een bedrijf. In een traditioneel bedrijf genereert 20% van de klanten gewoonlijk 80% van de omzet. Door deze klanten te identificeren, kan het bedrijf zich op hen richten om de winstgevendheid te verbeteren.

- Het ABC-model is verwant aan het Paretoprincipe. Het vult het aan door rekening te houden met de tussenliggende categorieën, die ook effecten genereren. Deze tussencategorieën zijn minder belangrijk, maar toch het overwegen waard.

- De Long Tail-theorie is ook een aanvulling op het Paretoprincipe, vooral met betrekking tot onlineverkoop. De 80/20-verhouding wordt gecontroleerd en een bedrijf dat zijn kosten kan verlagen, vooral met het internet, kan het zich veroorloven zich niet alleen te concentreren op de belangrijkste 20%, maar op al zijn koopwaar, zelfs de producten die minder verkopen.

- Tenslotte kan de wet van Pareto gemakkelijk in praktijk worden gebracht met tabellen en grafieken. Deze geven een volledig beeld van het probleem en brengen de effecten in kaart. Het bedrijf, de organisatie of gewoon het huishouden in kwestie kan zich dan richten op het nemen van maatregelen om de efficiëntie en de winstgevendheid te verbeteren.

VERDER LEZEN

BIBLIOGRAFIE

Anderson, C. (2006). *The Long Tail: Why the Future of Business Is Selling Less of More*. New York: Hyperion.

BetterExplained. (2007). *Het Paretoprincipe begrijpen (De 80/20 regel)*. [Online]. [Geraadpleegd op 22 mei 2014]. Beschikbaar op http://betterexplained.com/articles/understanding-the-pareto-principle-the-8020-rule/

Cotter, J. J. (1995). *De 20% oplossing*. Hoboken: John Wiley & Sons.

Coyne, S. (2012). The Pareto Principle Meets the Long Tail. *Steven Pressfield Online*. [Online]. [Geraadpleegd op 22 mei 2014]. Beschikbaar op http://www.stevenpressfield.com/2012/11/the-pareto-principle-meets-the-long-tail/

Dufour, L. (z.j.). Efficiëntie van de dirigent: wat is de wet van Pareto? *Le Blog du Dirigeant*. [Online]. [Geraadpleegd op 22 mei 2014]. Beschikbaar op http://leblogdudirigeant.com/efficacite-du-dirigeant-quest-ce-que-la-loi-de-pareto/

Juran, J. M. (1951). *Handboek voor kwaliteitscontrole*. New-York: McGraw-Hill.

Koch, R. (1998). *Het 80/20 principe*. Londen: Nicholas Brealey Publishing.

Le Site des Profs de Vente et de Commerce. (z.j.). *Les techniques et stratégies de prospection*. [Online]. [Geraadpleegd op 22 mei 2014]. Beschikbaar op http://www.lescoursde-vente.fr/bacvente/Prospection/Des%20outils%20de%20

segmentation%20des%20clients-prospects,%20
Pareto,%20ABC,%20RFM.pdf

Montanaro, L. (2012). De kracht van het Paretoprincipe (aka de 80/20 regel). *Lisa Montanaro.* [Online]. [Geraadpleegd op 22 mei 2014]. Beschikbaar op http://www.lisamontanaro.com/2012/03/16/the-power-of-the-pareto-principle-aka-the-8020-rule/

Reh, J. F. (2016). Paretoprincipe – De 80-20 regel. *de balans.* [Online]. [Geraadpleegd op 22 mei 2014]. Beschikbaar op https://www.thebalance.com/pareto-s-principle-the-80-20-rule-2275148

Villemin, G. (z.j.). Loi de Pareto", in Nombres – Curiosités, théories et usages. [Online]. [Geraadpleegd op 22 mei 2014]. Beschikbaar op http://villemin.gerard.free.fr/aSocial/Pareto.htm

AANVULLENDE BRONNEN

Hale, A. (z.j.). Het probleem met het Pareto-principe. *Persoonlijke Ontwikkeling Training.* [Online]. [Geraadpleegd op 22 mei 2014]. Beschikbaar op http://sidsavara.com/personal-productivity/the-problem-with-the-pareto-principle

Marshall, P. (2013). *80/20 Sales en Marketing.* Irvine: Entrepreneur Press.

We horen graag van jou! Laat
een reactie achter op jouw online bibliotheek
en deel je favoriete boeken op social media!

IMPROVE YOUR GENERAL KNOWLEDGE

IN THE BLINK OF AN EYE!

www.50minutes.com

Master ISBN: 9782808063883
Papier ISBN: 9782808064170
Wettelijk depot: D/2022/12603/62

Digitaal ontwerp: Primento,
de digitale partner van uitgevers.